了不起的

头脑M体操

梦与冒险幻想曲

〔日〕多湖辉 著 〔日〕水野良太郎 绘 安伊文 译

人民文学出版社

PEOPLE'S LITERATURE PUBLISHING HOUSE

著作权合同登记：图字 01-2022-5007 号

图书在版编目（CIP）数据

梦与冒险幻想曲 / (日) 多湖辉著 ; (日) 水野良太
郎绘 ; 安伊文译. -- 北京 : 人民文学出版社, 2023
（了不起的头脑体操）
ISBN 978-7-02-017623-6

Ⅰ.①梦… Ⅱ.①多… ②水… ③安… Ⅲ.①儿童故
事 - 图画故事 - 日本 - 现代 Ⅳ.①I313.85

中国版本图书馆CIP数据核字(2022)第224284号

责任编辑　卜艳冰　杨　芹
装帧设计　汪佳诗

出版发行　**人民文学出版社**
社　　址　北京市朝内大街166号
邮政编码　100705

印　　制　山东临沂新华印刷物流集团有限责任公司
经　　销　全国新华书店等

字　　数　84千字
开　　本　787毫米×1092毫米 1/32
印　　张　5.75
版　　次　2023年1月北京第1版
印　　次　2023年1月第1次印刷

书　　号　978-7-02-017623-6
定　　价　39.00元

如有印装质量问题，请与本社图书销售中心调换。电话：010-65233595

前　言

　　"了不起的头脑体操"系列丛书，到本书已经是第8集了。从《来锻炼脑筋吧》出版至今，已经过去了十几年。但是囿于小房间中苦思冥想、绞尽脑汁的记忆，我却一点儿也没有留存下来。

　　那是因为，每当新的一集出版，我都会收到读者们热情的声援，以及强有力的激励的信件。从那些来信中，我能想象出诸位读者在阅读这套书时的心情和表情。可以说，我是各位的代表，是个稍微有点儿爱刁难人的老师。能出到这一集，离不开数百万的同好和学生的支持，在此深表感谢。

　　本集的标题是"梦与冒险幻想曲"。

　　"幻想曲和智力问答题有什么关系？"一定有人会这么想吧。而我就在思考，这两者究竟有什么相似之处呢？

读者中，一定有很多人有过这样的经验：在孩提时代的夜晚，听着《格林童话》或是《安徒生童话》，怀揣一颗爱丽丝般的冒险之心进入梦乡；长大之后，迪士尼乐园、电影《ET》之类，也让我们有重获童心的感觉。

这十几年间，日本人的财富已位居世界前列。但是，日本人头脑的"僵硬"，好像不但没有消除，反而有更僵化的趋势。

我们的头脑如果任其"僵硬"下去，那么我们的思维会变得更模式化、更惯性化。相比寻找新的角度，从已知的角度去思考是件多么轻松的事情啊。但是那样的话，新的创意或创造就难以诞生了。或许正是由于生活太舒适，人们才会失去思考的创新性也未可知。

一道道智力题犹如一首首幻想曲，成为注入沉睡大脑中的新风，是将我们的头脑从越陷越深的模式化思考中解放出来的利器。

当今的信息如此泛滥，单纯从信息处理的速度来说，我们的头脑绝对比不上由芯片组成的电脑。然而，能产生天马行空般的绝妙主意却是人脑独有的功能。为了让信息刺激我们的大脑产生创意和灵感，从某种意义上来说，我们需要一些看似无用的思考和轻松消遣的心情。

本书中的智力题每一道都具有故事性。请把本书当作童话来看，它就会变成由问题组成的美梦与冒险。相信在大家的面前，本书一定会展开一个美丽的梦幻世界。

最后，向在本书执笔期间给予我帮助和支持的肥后充氏、小野寺绅氏致以诚挚的谢意。此外，众多热心的读者也给了我很多启发与思考，在此一并致谢。

多湖辉

目　录

开幕词——新的想法，蕴藏于富有弹性的头脑中

让想象力开动起来的"梦与冒险"，立刻体验吧

某实业家因工作需要，前往一个非洲部落进行探访。

每次见到当地的小孩子，他都会把一枚 10 日元的硬币和一枚 100 日元的硬币放在手心里让他们挑："你们想要哪个呀？想要哪个就给你们哪个。"小孩子们无一例外都选择 10 日元的那枚。难道是这个国家铜币很稀缺的原因吗？屡试不爽之后，对这件事情越来越好奇的他忍不住告诉小孩子们："在日本，100 日元更加值钱哟。下次再遇到日本人，拿 100 日元的那个比较合算。"说完，他就回国了。

那么，问题来了。

> 【例题】一年后，这位实业家第二次来到了非洲，又找到了当时的小孩子们，同样，他把 10 日元和 100 日元的硬币放在手里让他们挑："想要哪个呀？想要哪个就给你们哪个。"和他期待的相反，小孩子们仍然只要 10 日元的那个。难道是忘记了他曾经说的话？他问小孩子们，回答是："记的呢！"那么，他们为什么还是只拿 10 日元呢？

其实，小孩子们是这么回答实业家的问题的："叔叔，你告诉我们的事，我们都记着呢。因此才选择10日元的。如果我们一开始就选择了100日元，叔叔你就不会再做第二次试验了吧。"

也就是说，小孩子们想的是如何取得更多的钱。在这个游戏中，他累计给孩子们的钱，远远超出了100日元。连实业家都败在了非洲小孩子们的创意之下，乖乖掏了钱。

这是与爱德华博士闲聊时听到的故事，我以它为素材出的问题。

智力问答题是现代人最好的一贴清凉剂

通常，小孩子们不经意的想法或者提问中，往往惊人之处甚多。正是因为他们与大人相比，受到的偏见或知识的束缚较少，他们的头脑构造远比大人的更开放。

自古以来，小孩子们自由奔放的想象力衍生出了无数的幻想故事。所以，请保持着孩童般的想象力，来体验"梦与冒险"的先行者留给我们的游戏任务吧，那就是深刻思考——人，到底是什么？

随着信息社会的到来，知识泛滥，时间不停地被加速，我们最终迷失在这个信息的社会中。

自我思考、独立想象的时候，才是人类最像人类的瞬间。

但是在日常生活中，我们忙于学习，忙于工作，忙于人际交往，头脑渐渐变得僵硬起来。不要说开动想象了，连让大脑能接受新鲜刺激的因素恐怕都已经不知所踪了吧。

我一直提出的"用智力题来作为头脑锻炼"的原点也就在此：通过享受破解智力题带来的乐趣，让大脑的想象力开动起来。在梦与冒险的世界中解放头脑，这个方法对于头脑容易僵硬的现代人来说，无疑是一剂最好的提神醒脑的清凉药。我对此深信不疑。

如何才能不陷入"智商之陷阱"

心理学相关领域的研究调查发现，拥有"秀才型头脑"的高智商人群中，思考能力却很普通的人不在少数。

也就是说，高智商的人不一定具有非凡的思考能力。

我的朋友，就是之前提到的爱德华博士，把这种情况称为"智商陷阱"。我认为这个词用得极妙。

高智商的人确实在理性思维、结论推理上高人一等，但是一旦被某个观念桎梏，他们就会执着于已知事物，再也无法做进一步的思考。他们更容易失去对新事物的探求之心，可是宇宙、自然、社会的状态，乃至人类的心理，哪一项不是时时刻刻在发生变化的呢？

拥有"秀才型头脑"的人，在进行思考时，会无比信赖自己的判断和旧有的知识体系，也就是说，他们更容易被牵着鼻子走。因此，大量智力超群的人最终陷入了"智商陷阱"，这就是典型的消极思考模式。

我所说的"智商陷阱"，并不只是针对拥有"秀才型头脑"的人。一旦放弃自由的想象，被所谓的常识束缚，一步不想前行时，谁都可能不知不觉落入这个陷阱中。

小孩子的想象力与大人的判断力，两者需"携行"

人类是思考的动物。但是，一旦被毫无用处的知识所填满，不要说自由想象了，可能还会深受其害。

当问题发生时，只想着从常识或者过去的经验中寻求方法，是无法产生新的创意去解决问题的。

这种思考的消极模式会不知不觉地牢牢统治大脑，这是非常危险的事情。知识越多，头脑越僵硬，最后连大脑也不知道这是什么知识了。

打破这种现状，体验"梦与冒险"，让大脑去思考、想象，让我们拥有"柔软的、富有弹性的头脑"，就是本集的主题。

小孩子所拥有的自由想象力，与大人的果断冷静的判断力，是此次冒险的"必携品"。不要皱眉，放松！让我们开始吧。

第一章

不可思议之国的常识

被颠覆的常识

问❓题

服部君的近视眼很严重，离开了眼镜他几乎什么东西也看不见。平时，相对于隐形眼镜，他更喜欢戴框架眼镜。但是在买某样东西的时候，他会觉得还是戴隐形眼镜比较好。请问，那样东西是什么？

答案

　　眼镜的镜框。高度近视眼的服部君，摘下眼镜就什么都看不清楚了。因此，如果没有隐形眼镜的话，他无法确认框架眼镜的镜框是不是适合自己。

☆来自教授的启示
　　这是一道训练直接联想力的问题。如果要把身边的事物一项一项思考过来，那就要花费很长时间了。

有一天，小学生贯太郎拿着下图来找老师。"老师，这张图没有办法用一条线将它分成两个三角形。"但是，老师微笑着说："可以哟。"老师会怎么做呢？

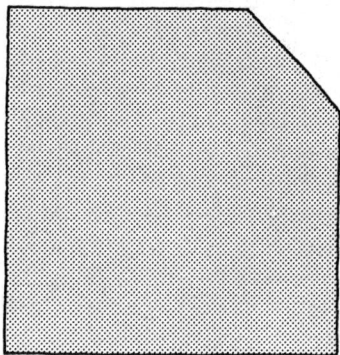

答案

老师用很粗的笔画了如图的一条线。

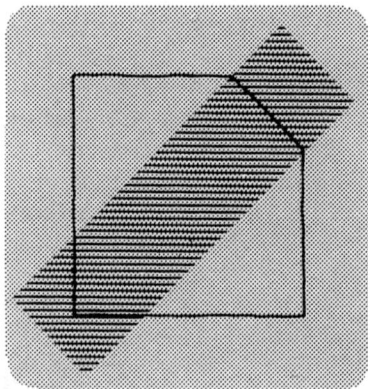

☆来自教授的启示
　　"了不起的头脑体操"系列图书的老读者，应该能够想到线是有粗细的。

问?题

　　某个搬家公司的熊先生要搬十个箱子，它们各重六千克、五千克、八千克、三千克、六千克、四千克、七千克、九千克、八千克、四千克，总计六十千克。他在磅秤上分别称了这十个箱子，算出总数正好六十千克，没错！八太君也想用这个磅秤称他的东西，却发现称出的重量是错的。这是为什么呢？

这个磅秤是数字屏显示的。如图所示，屏幕上黑线的部分坏了，不发光。显示"3""4""5""7""9"这几个数字时，磅秤的显示屏不会用上坏掉的部分；但是在显示"6"和"8"时，"6"就会显示成"5"，而"8"会显示成"9"，所以只是加在一起恰巧重量相同。

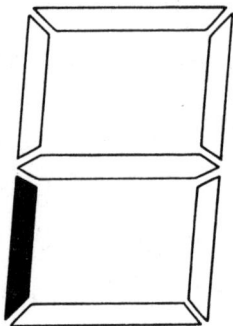

☆来自教授的启示

　　有没有注意到这道题里有二重陷阱？只想到"磅秤是数字屏显示的"还无法解开这道题。

爱丽斯在凯拉广场上遇到了两个女子。其中一个女子说："我今年十七岁。"话刚说完，另一个女子说："不对哟，你已经十八岁了。"这两个人都没有说谎，这可能吗？

答案

可能。那个说自己"十七岁"的女子刚说完就到了零点，而零点之后恰巧是她的生日，因此另一个女子说话的时候，她就已经十八岁了。

☆来自教授的启示
这道题的陷阱在于是否能意识到时间的流动性。

刚刚装修好的房子被不爱打扫房间的儿子权助搞得一塌糊涂，老父亲气得火冒三丈："你看看，房间那么脏，要生螨虫的！螨虫以灰尘、垃圾和人的头皮屑为食。"但是权助说："正因为像父亲你说的那样，所以我才不打扫呀。"权助到底是怎么想的？

答案

　　权助想：既然螨虫以垃圾为食，那么等螨虫把满屋子的垃圾吃光，屋子就干净了。然后，只要用杀虫剂把螨虫一网打尽就可以了。

　　☆来自教授的启示
　　　　这道题的灵感来自一份报纸收到的投稿。任何事物都有两面性，如果只从一方面去考虑的话，头脑会变僵化的。

问 **?** 题

有两个沙漏，大的那个计时三十分钟，小的那个计时三分钟。如何用大沙漏计时十二分钟？

　　首先让两个沙漏同时漏沙计时。小沙漏漏完正好是三分钟，倒置再花三分钟漏完。重复两回，正好是十二分钟。在小沙漏第四次漏完时，迅速将大沙漏倒置，这样大沙漏就能准确计时十二分钟。

☆来自教授的启示
　　使用小沙漏计时，是这道题的关键。只想着怎么使用大沙漏，是解答不出来的。

问?题

正六角形的所有边用直线穿起来，最少需要几根直线？

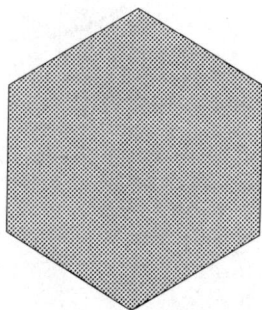

一条。如图所示。

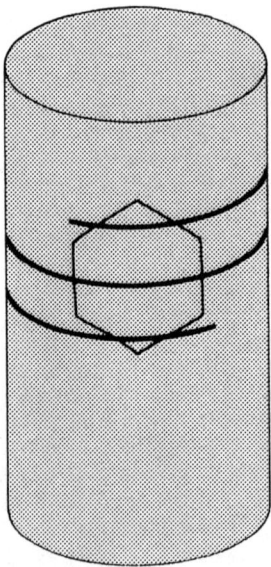

☆来自教授的启示

　　想到空间，思维就要发散到宇宙的广度。只在纸上苦思冥想是劳而无功的。

问？题

　　动物园里有一头狮子逃走了。这是一头非常狂暴的狮子，看到任何活着的生物都要攻击，对同类也不放过。它好像是趁饲养员稀里糊涂忘了锁上笼子的间隙逃走的。它应该还潜藏在动物园的某个地方，但是哪儿都找不到它。接到这个消息的饲养员，不慌不忙地躲到了一个地方避难。那个避难所是哪儿？

答案

逃走的狮子的笼子里。对同类都要攻击的狂暴的狮子，不用担心它的笼子里还会有其他狮子。

☆来自教授的启示

反向发散思维。如果只考虑到现有的局面，是想不出答案的。

问？题

　　俊彦和真彦同住在一条道路的两边，从小一起长大。年龄相仿的两个人，喜欢上了同一个女孩。为了公平起见，两个人做了一个约定：在同一时间，使用同一型号的电话打给女孩，女孩先接通谁的电话，谁就可以对女孩发出约会的邀请。奇怪的是，每次都是俊彦胜，真彦拨号的速度也不比俊彦慢啊，这是为什么呢？

答案

俊彦和真彦两家中间的那条道路，正好是两个城市的分界。而两个人同时喜欢的那个女孩，和俊彦住在同一个市。真彦每次打电话的时候，要通过市外局转①，因此总是比俊彦迟。

- ☆来自教授的启示
    如果只是从电话的机能上来考虑，就落入了本题的陷阱。

①过去跨区域打电话，都需要区域间的总机转，现在已不需要。

问?题

有两个恐怖分子，藏身于一个港口的旧仓库里。警车中的一名警察得到情报，只身冲进仓库，与恐怖分子发生了枪战。

第二天，他的同事问他。

"你把恐怖分子们都逮捕了吗?"

"……那倒没有……"

"那么，让他们都逃走了吗?"

"也不是……"

"难道是把他们都杀死了?"

"没有那样的事。"

仓库里，警察和恐怖分子到底发生了什么?

答案

　　仓库里的两个恐怖分子，一个逃走了，另一个被警察逮捕了。因此，两个人即不是"都"被逮捕，也不是"都"逃走了。

☆来自教授的启示
　　用复数来表达，使表述变得模糊。能注意到"恐怖分子们都""他们"这样表达方式的人，是逻辑严谨的人。

　　某天傍晚，一只兔子在半径 100 米的圆形池塘里划小船，突然，它发现了一头狼！兔子拼命地划船，向远离狼的对岸划去。但是，狼奔跑的速度是船速的 4 倍，如果狼比兔子先到达，就会抓住兔子。如何才能让兔子先登岸，逃脱被狼抓住的命运呢？

答案

狼沿着池塘的半周约314米，以船速的四倍奔跑，所以如果小船在离池塘中心的距离为半周的四分之一以上，也就是离岸边大约78.5米以内的区域，会比狼早到岸边。因此，兔子要把船先划到离中心大于21.5米的区域，在这个位置上，趁狼正好在小船相反位置的时候，立刻朝狼所在位置的对岸直线划去，就能比狼早到岸，逃脱狼爪了。

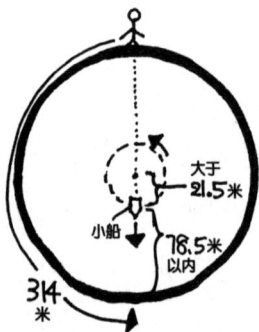

☆来自教授的启示

如果只想着小船怎么往岸边划，就掉进这道题的陷阱了。

问**?**题

　　露西的追求者查尔斯住在一个很偏僻的乡村里。这天，露西第一次去查尔斯家。查尔斯很有钱，一个月有好几百万的收入。但是，他既没有公司，也没有哪家公司的股份，就连来车站接露西都只是骑着一匹马；要说经营牧场吧，也没看到家畜和土地，家里也没有任何可赚钱的东西。露西很困惑地问："你的收入是怎么来的呢？"查尔斯回答说："你不是已经看见了吗？"查尔斯的收入来源究竟是什么？当然，他自己也不工作。

查尔斯骑着的那匹马，是匹拥有优秀血统的英国纯种马。查尔斯的收入便来自这匹马的交配费用。

☆来自教授的启示

　　赚钱的条件全部是"没有"，那么冷静地想一想，就只剩下"马"了。

休息室
问　题

　　江户时代末期，在东北的陆奥国[①]有一位盲人按摩师。有一天晚上，他要去客人家上门服务，要独自通过一段漆黑的道路。他的眼睛看不见，却提着一盏灯笼，请问这是为什么？

---

①陆奥国，日本旧国名，今福岛、宫城、岩手、青森县全境以及秋田县东北部。

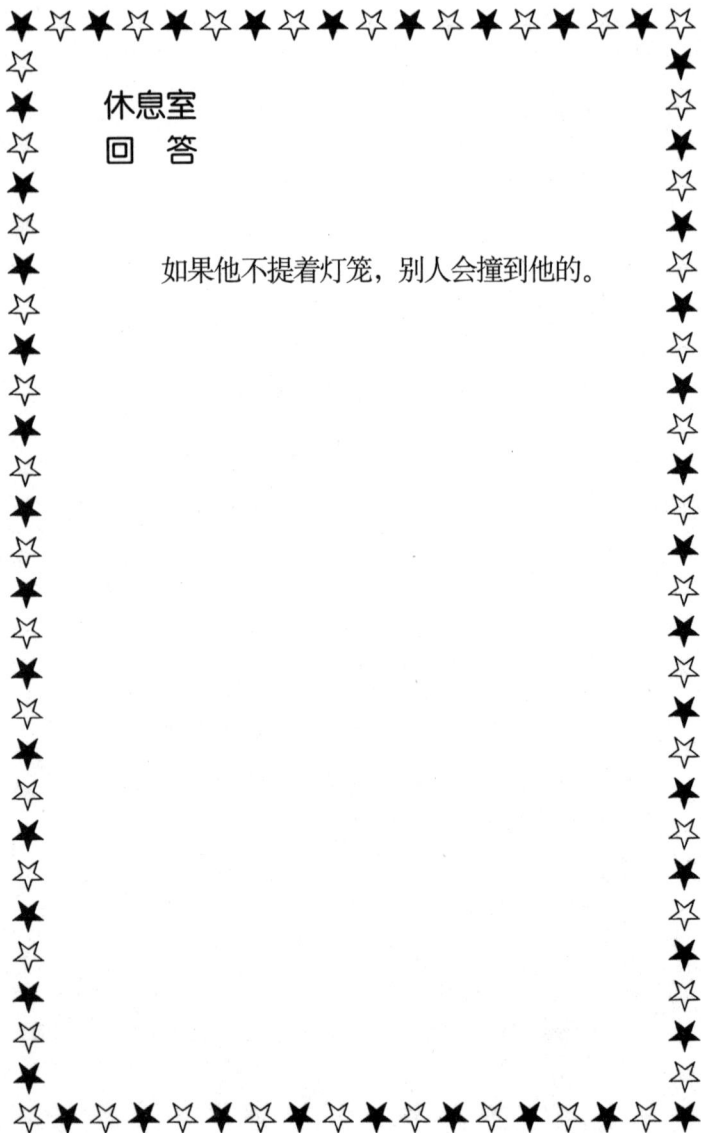

休息室
回　答

如果他不提着灯笼，别人会撞到他的。

第二章

幻想国的冒险

想象力的提升

某位相扑手在浴缸里泡澡。浴缸里正正好好满缸的水，再多一点儿就要溢出来了。突然，眼看着水开始从浴缸中慢慢溢出，可奇怪的是，相扑手既没有摆动他的手脚，也没有把身体往下沉入水里，更没有在浴缸中转动方向。到底发生了什么？没有其他人或物体进入浴缸，没有地震，当然，浴缸里的水也没有沸腾。

答案

相扑手深深地吸了一口气。

☆来自教授的启示

　　条件一多，头脑就开始混乱了，这是明显的训练不足。这样会被信息社会所遗弃的。

"来啊来啊，什么东西都可以！借给我一个比这枚五日元硬币大的东西，我可以让你看到它通过这个硬币的孔！"一个街头艺人卖力地吆喝。确实，他也这么做到了。这是怎么回事？

答案

　　一手拿着客人递过来的东西，另一手拿着五日元的硬币，将硬币的孔对着客人的眼睛。于是，客人确实是通过这个孔"看到它"了！

☆来自教授的启示

　　"让你看到它通过这个硬币的孔"是街头艺人故意设计的说辞，而如何断句却有迷惑性。

　　三年没有回家的宇航员，结束了他的宇宙旅行回到家，把一个装着 1000 日元的钱包给最小的女儿千惠，让她去买某样东西。但是，千惠没有买到，哭哭啼啼地回来了。大女儿玛丽说："我去买吧。"她拿上自己的钱包，里面也装着 1000 日元，很快把东西买回来了。请问她们两个的区别到底在哪里？

答案

要买的那样东西，只在自动贩卖机里有卖。但是那台自动贩卖机不能用纸币（或者无法找零）。而宇航员给千惠的那个钱包里只装着一张 1000 日元的纸币。

☆来自教授的启示
   不考虑当时的情景，只顾想两个女孩子有什么区别，那么简单的问题也能把你难倒。

问?题

少年柏古是个电子游戏的狂热爱好者。在一个游戏的最后一页，他发现了这样一句话："谁都不可能正确回答出的问题。"请问这是个什么问题？

答案

　　"你接下来的回答是'不'吗？请用'是'或者'不是'来回答。"类似这样的问题。

● 　☆来自教授的启示
●
● 　　这种程度的逻辑题希望对你们来说是小菜一碟。多玩
● 玩这种语言游戏，可以使你的头脑变得更柔软。
●

44

问？题

公元 1999 年 1 月 1 日，某国的总统向世界各国发表了一场电视演说。"还有一年，我们就将迈入 21 世纪。今年除夕，我们将制作一台'送别旧世纪，迎接新世纪'的特别节目，向全人类表示祝贺。"但是，很多观众却付之轻蔑的一笑："连一点儿常识都没有！"请问这是为什么？

答案

　　21 世纪是从公元 2001 年 1 月 1 日开始的。总统的演说如果晚一年，就不会被说"没有常识"了吧。

☆来自教授的启示

　　公元纪年是如何来计算的？如果你的回答是基督的生日的话，还是学习不足啊。

问❓题

这幅画是一位漫画家在屋子里对着镜子画出的屋子的全貌。所有的角角落落，与镜子里映射出来的完全一样。请指出这幅画里的错误之处。

如果与镜子中映射出来的完全一样，那漫画家
自己也应该出现在这幅画里。

☆来自教授的启示
　　只考虑到镜子的特性是左右相反的人，就会忽略镜子
中还有一个人这件事情吧?

48

　　UFO里的外星人正围绕着地球人赠送的礼物展开激烈的讨论。这份礼物是由许多张拉伸得很薄的植物性物质重叠在一起构成的，植物性物质上面还排列着无数化学物质构成的符号，最外面有更厚的植物性物质保护着。可以一张张撕下来，但撕起来并不容易。可以用刀割，但好像不是吃的东西。请问这份来自地球人的礼物是什么？

答案

地球人把书作为礼物送给了他们。

☆来自教授的启示

　　对于我们平时司空见惯的东西，如果从宇宙的角度来思考，就会是别的东西了吧。

问❓题

连接地球和凯拉凯拉星球的高速公路上，建造了一座加油站。向凯拉凯拉星球订购的储油罐刚刚到货，发现储油罐的形状很奇妙，各边的边长相等，如图所示，长为 10 米，宽度也为 10 米。这个储油罐装满的话，需要多少升油？a、b、c、d 分别是各边的中点。

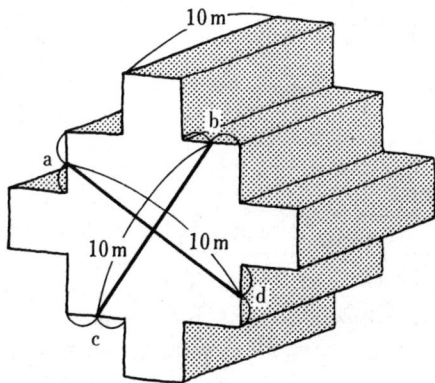

答案

100 万升。如图所示，将平面部分切开重新组合，可以得到一个边长为 10 米的正方形。体积等于平面面积乘以高。也就是 10 的 3 次方，等于 1000 立方米。换算成升，1 立方米等于 1000 升，所以得出 100 万升。

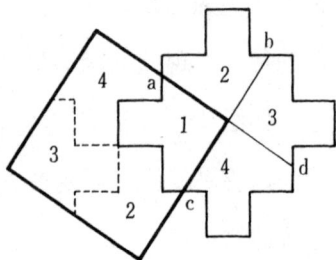

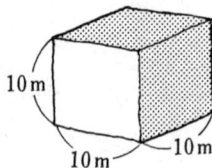

☆来自教授的启示

　　看起来复杂的事情，思考的时候首先得把复杂问题简单化。

52

暑假中的某一天，小健和小百合正在晒日光浴。小健抬起手看手表，手表显示是 2 点零 3 分。一旁的小百合探头看过去，"今天是星期一呀。"她说。但是，这个手表是不显示星期几的。为什么小百合会那么说呢?

答案

小百合从旁边横着看过去，显示着"2：03"的手表，她看到的是"MO：N"，"MON"也就是星期一了。

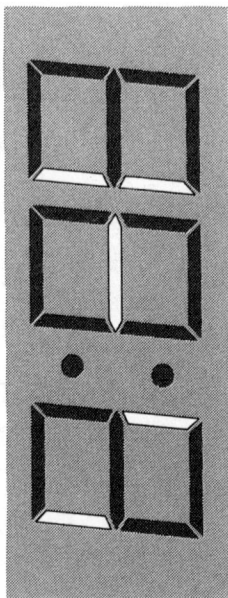

☆来自教授的启示

　　平时司空见惯的事情，换个角度看，也许就会有新的发现。

问？题

　　斯皮尔伯格先生去电
影院观看超级大作《异次
元》的首映。影片放映到
一半，有一个人不顾场内
禁烟的规定开始抽烟，屏
幕上一片烟雾腾腾。但
是，没有一个人提出意见
或表示不满。请问这是为
什么？

因为吸烟的人，是屏幕里的人物。

☆来自教授的启示

　　如果没能想到屏幕里也有人，那么想象力也就被现实束缚住了。

问 ? 题

从 A 点到 B 点，步幅 90 厘米的篮球选手和步幅 60 厘米的马拉松选手，同时开始快步走。马拉松选手率先到达 B 点，他与后到的篮球选手所走的步数是相同的。两个人都走的直线，而且是相同的道路、相同的距离，请问这是怎么回事？

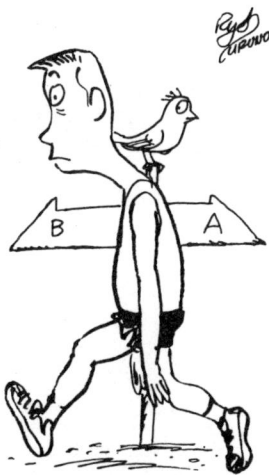

两个人走的是楼梯。

☆来自教授的启示

　　走楼梯的话，两个人步幅稍有差距，问题不大。我们总以为"走"是在平面上的行为，其实也可以在立体的空间里思考。

问？题

如图所示，地球围绕太阳转一年的运行轨迹为一个圆；地球的卫星月亮围绕地球旋转一周是一个月，运行轨迹也是一个圆。那么，月亮围绕太阳旋转的轨迹是什么样的呢？

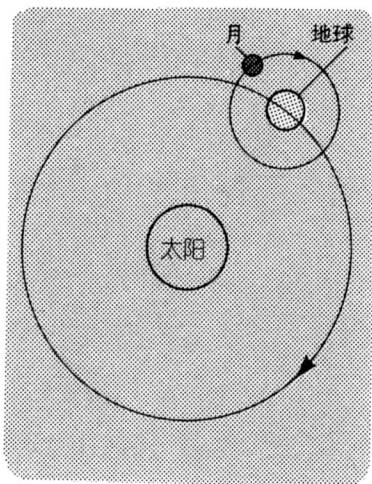

答案

　　如图所示，约有十二处波动。其实，本图为了能让大家看明白，将轨道的波动扩大了十倍，所以显示出了十二处凹凸。实际上，是接近一个隐藏了角的十二边形。

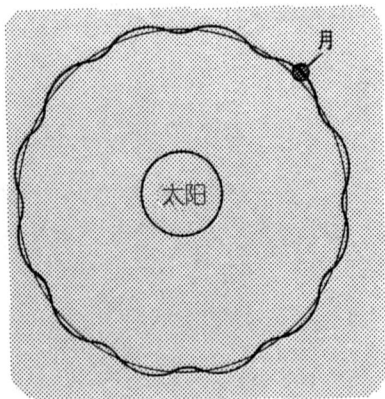

☆来自教授的启示
　　可能大家会首先注意到十二处波动的地方吧。但是，只画出波动的地方，并不是正确的答案。

我是一个有名的数学家，现在给大家出一道简单的算术题！8减去6，答案是2。但是，8加上6，答案也是2。你不会觉得数学家算错了吧？那么这是怎么算出来的呢？

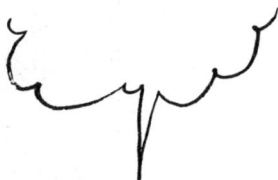

答案

这是用于表示时间的数字。比如说，早上 8 点的 6 个小时前是凌晨 2 点，而 6 个小时后又是下午 2 点了。

☆来自教授的启示

过于习惯数字计算的人，就会丧失相似物联想的直觉力。

休息室
问 题

问题 1 有一块电光告示版，由横竖各 100 个灯泡、一共 10000 个灯泡组成。要亮出一个尽可能大、尽可能圆的圆，需要亮几个灯泡？以最圆的为最优先。

问题 2 买了一个广告上说有强大磁力、能把距离 10 厘米的东西吸过来的磁铁。可是，尝试把放置在 2 厘米处的铁块吸过来，试了几次，铁块丝毫未动。难道这是个虚假广告？

休息室
回　答

回答 1 亮一个就可以。"以最圆的为最优先",这样亮出的圆是最圆的。

回答 2 铁块太重了,反过来,磁铁被铁块吸过去了。

第三章

小人国的好奇心

在知识上钻个孔

问?题

老师对不爱学习的小林君下了如下的命令："考试前的一周内必须每天学习！每次学习必须持续两个小时！"小林君没有办法，这一周只得按照老师的要求去做。如果他想尽办法偷懒的话，他最多只需学习多少个小时？

答案

当然不会是 14 个小时，而是 8 个小时。从星期一的 23 点到星期二的凌晨 1 点，以此类推，一次学习跨了两天。所以，2 个小时 × 3 天 +2 个小时 =8 个小时。

☆来自教授的启示
不拘于固定思维的人，应该很快就能解出这题。这道题是看你有没有被时间概念束缚。

问 **?** 题

这里有一个用火柴棒搭成的"T"字。如何挪动火柴棒，可以做出一个更大的"T"字？当然，两根火柴仍然必须有接触点。

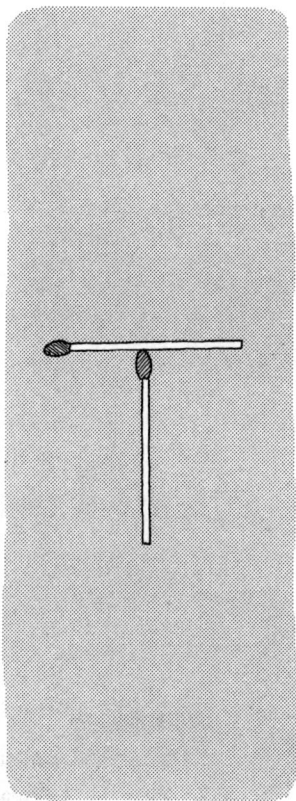

答案

将上下两根火柴棒各向
两边旋转45度。这样，就
出现了一个比原来大了一圈
的"T"字。

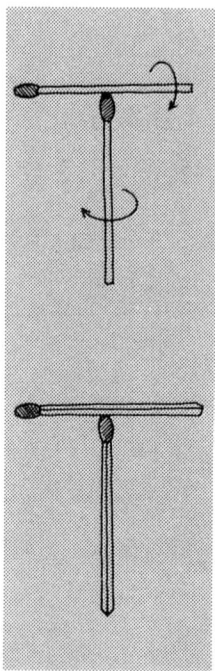

☆来自教授的启示

　　只能将思维从平面转向立体，否则解不开这道题。在
思路上稍加改变，是这题的关键。

在酒店里有一对男女，两个人的脸凑得只有五六厘米远，正在热切地说着什么。说他们是恋人吧，看两个人说话的口气又挺疏远的。问那个女的认不认识这个男的，她说从没有见过面。过了一会儿，女的又过来和这个男的说话了。如果女的没有说谎，这是怎么回事呢？

答案

　　女的是这家酒店的客房服务员。按常规，她需要到客人的房间门口，询问客人要不要打扫房间。那位男性客人原本在睡觉，他来到门前，告诉她过一会儿再来。因为门只打开了一道缝，声音听不清楚，所以两个人都把脸凑到门边说话。这样的经验，你应该也有过几次吧？

☆来自教授的启示
　　一听到有一对男女，就会认为是恋人，这是不对的。即使他们之间什么事都没有，一经语言渲染也会想歪了吧。

问？题

　　爱丽丝面对镜子举起右手："你好啊！"镜子里的人也对着她举起了右手。为了确认，她举起左手，对面的人也举起了左手。吓了一跳的爱丽丝躺在镜子前面，结果应该在镜子里出现脚的地方出现了她的脸，应该出现脸的地方出现了脚。这样不靠谱的镜子，真的存在吗？

存在。将两面镜子如图所示呈直角放置。因为
影像发生了两次反射，就会是爱丽丝看到的那个样
子了。

☆来自教授的启示
　　人的思考啊，总是习惯以常见事物为先，却忘记了镜
子不一定只有一面。

问 **?** 题

教室的入口处放着三把伞，是三个要好的女孩裕子、弘子和美纪的。她们的名字写在伞上不显眼的地方，因此一眼看去，分不出哪把伞是谁的。那么，不看自己的名字，他们中只有两个人拿对自己的伞的概率是多少？

答案

概率为零。因为如果两个人拿对自己的伞的话，第三个人当然也能拿对自己的伞。

☆来自教授的启示

一上来就着急计算的人，不免有点儿冒失了。没有冷静地判断状况，就只能做无用功。

问？题

刚坐上 8 点 47 分从东京发车的新干线，车内就响起了女声的英语广播："感谢乘坐本次新干线，现在播报各停车站点及停车时间。到新横滨 9 点零 6 分，到名古屋 10 点 53 分，到京都 11 点 43 分，到达终点站新大阪的时间是 12 点整。"广播突然中断，车内响起了关西腔的人工广播："对不起，刚刚的播报有误。"但是，这个人工广播没有注意到他犯了一个重大的错误，请问是什么？

答案

英语广播的错误，用日语来修正是没有用的。

问？题

　　沙漠之中耸立着一对狮身人面像，它们之间有一扇门。狮身人面像对要从此门通过的游客，提出了如下要求。右边的狮身人面像说："在这个魔方阵中，填入数字1至9，使这个方格里的横、竖、斜线上的数字之和相等。"左边的狮身人面像说："魔方阵的横、竖、斜线上得出的和的数字不能重复。"要这两道题都答对才能通过。你能做到吗?

1	2	3
4	5	6
7	8	9

答案

右边狮身人面像：
(横、竖、斜线上的数字之和相等)

如图所示。

2	9	4	15
7	5	3	15
6	1	8	15
15	15	15	15

左边狮身人面像：
(横、竖、斜线上的数字之和不能重复)

3	2	9	14
6	1	4	11
7	5	8	20
17	16	8	21	12

● ☆来自教授的启示

　　如果不能马上想出来的话，试着拿一张纸、一支笔动动手。绝对比在脑海中空想有效。

问?题

如图所示，一张被裁成十字形的纸，如何在一次都不被剪断的情况下做成一个长方形？当然，可以使用剪刀和胶水。

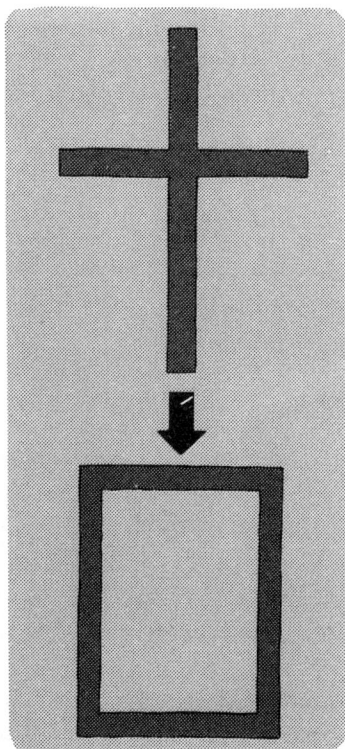

![答案灯泡图标]

①首先，将两边如图所示粘在一起。

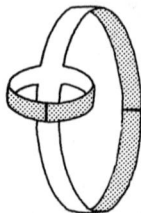

按如图所示的顺序操作。如果手边有纸的话，最好实际操作一下。

②用剪刀，沿虚线剪开。

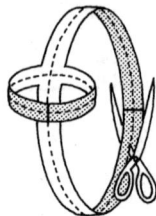

③展开，就能得到一个长方形。

☆来自教授的启示

　　这是一道将二维物体转化为三维物体的题。只有运用空间思维才能解决。这是培养异次元想象力的合适素材。

问?题

在海边玩耍的六岁小男孩这么跟他父亲描述："抬头向上看的时候，有一个白色物体离我越来越远，突然，它停在了某个地方，然后又折返，回到了它原来的位置。"父亲不相信地说："你不是在做噩梦吧?!"可是小男孩信誓旦旦地表示，他每天都能看到这样的现象。是小男孩在说谎吗?

答案

小男孩看到的是垂直向上抛出的白色的球。

☆来自教授的启示

　　如果被语言束缚住，再简单的想象也不存在了。这是一个典型的例子。

问?题

在一次国际历史学术会议上，考古学家克卢佐正在兴奋地发言："在五百年前的一本古代预言书中，有一节的内容到现在为止，对于任何读者来说都实现了，而且一直到将来，也绝对不会出错。"那么，书中到底写了什么？

书中写着："现在，你正在看这本书。"

☆来自教授的启示

如果觉得预言书中的内容只能是预言的话，就大错特错了。问题中只写了"一节的内容"。

问？题

　　冒险家阿巴切尔历尽千辛万苦终于到达了藏宝洞的洞口。他只看见石门紧闭，从雕刻着的恶魔的嘴里，硫酸冒着白烟流淌下来；在硫酸滴落处的正前方，放置着一个用岩石雕刻的杯子，只有当杯子里装满硫酸时，石门才会打开。阿巴切尔身上只有一张皱皱巴巴的地图和一支圆珠笔，如果用圆珠笔引流，在杯子还没装满之前圆珠笔就被溶掉了，冒险家又不能把手直接伸进硫酸里引流，该怎么办？

答案

　　他把圆珠笔的塑料笔杆在衣服上使劲摩擦，使其产生静电，然后如图所示靠近硫酸即可。流淌的硫酸受到静电的影响，会改变方向流进杯子里。在杯子装满之前，重复该动作即可。

圆珠笔的位置

☆来自教授的启示
　　自然界存在着很多力量。比起直接动手去做，不如先思考一下更有效的方法。

问**?**题

　　有人把十五对母女带到了哈莱姆公卿的面前。哈莱姆公卿希望从那天开始的十五天里，每天欣赏一个舞蹈节目，当然，他希望只看年轻女孩们的表演，而不是母亲们的。于是他想了一个办法，让所有的女子排成一列，从第一名开始，每数到 9 的那个女子必须跳一支舞。但是，已经表演过的女子，第二次数到的时候要跳过。哈莱姆公卿想每天只看年轻女孩们的舞蹈，他应该怎么让她们排队？

答案

如图所示排列即可。当然，白色的圆圈代表的是母亲，黑色的圆圈代表的女儿。

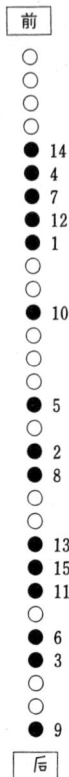

前
○
○
○
○
● 14
● 4
● 7
● 12
● 1
○
● 10
○
○
○
● 5
○
● 2
● 8
○
○
● 13
● 15
● 11
○
● 6
● 3
○
○
● 9
后

☆来自教授的启示
　　拿张纸拿支笔画画看，是最简单的办法。如果简单地看一眼觉得自己不会就放弃了，头脑的持久力会衰退。

发生了一起汽车相撞的交通事故，警察立即赶往现场。总算是将司机救了出来，但是现场有一个人已经死亡。根据司机的证言，该死者并非死于事故，而是死于肺癌。当时在车里的只有司机和死者两人，现场也没有目击者，但警察立即判定司机没有说谎。这是为什么？

休息室
回　答

因为这是一辆灵车。

第四章

点亮黑暗之国
寻找思考的盲点

问？题

根据台式计算器的显示规则（即7根发光体全亮时为8），可以显示出哪些英文字母？必须是纵向看。

A、b、C、d、E、e、F、g、H、h、I、J、L、O、P、q、S、U，一共十八个字母。

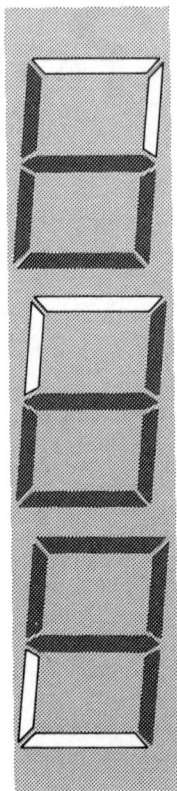

- ☆来自教授的启示
- 　　只想着大写字母，就落入这道题的陷阱了。因为有些小写字母也能显示。

? 问题

桃子工作的地方是一家印刷公司。为了方便大家擦拭被油墨弄脏的手，公司里放置了一卷卷筒卫生纸。但是手纸架坏了，卷筒纸就直接放在桌上。扯纸的时候，卷筒纸经常倒下来咕噜噜地到处滚，很难扯。抠门的社长看起来也不打算换个新的手纸架。想要扯纸的时候不让卷筒倒下四处乱滚，又没有任何工具可以使用，应该怎么办比较好呢？

　　如图这样，把卷筒纸的纸芯取走，再将卷筒纸
竖起来，扯的时候从中心抽纸就可以了。

　　☆来自教授的启示
　　　　这也是一道超出常识需要发散性思维的问题。发明创
造，常常是从这些细微之处开始的。

刚截获了一份情报，内容是过激派将针对国会议事堂发动火箭弹袭击。情报提供者已被杀，从他的口袋里搜出了一份简略地图，以及一张纸，纸上写着："从公寓出来向左走，在第一个十字路口向右拐，在下一个十字路口再向右拐，从正面可以看到太阳升起。"似乎袭击者应该在某个大楼的某个房间里。距离袭击时间只有三十分钟了，没有时间一幢一幢大楼去搜查。袭击者藏在哪幢大楼里？

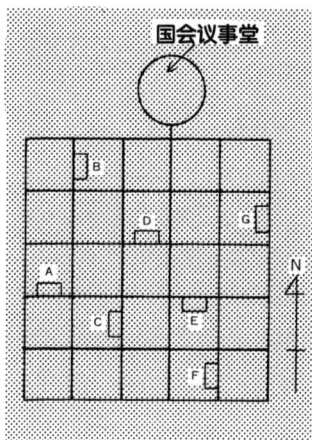

答案

E 大楼。

- ☆来自教授的启示
  倒过来推算的话，一下子就能明白。一幢一幢根据路线去确认，需要花费很长时间。

问❓题

优加小姐是一位时尚模特，她每次出门前都要盛装打扮一番。有一天，她穿了一件还没有公开发表的新设计的衣服，却遇到了一个和她穿着完全相同的人。请问这是怎么回事？

答案

优加小姐见到的是镜子里的自己。

☆来自教授的启示

问题里只出现了一个人物，其他人的存在只是你想多了。

問?题

盒子里只剩下一根火柴了。既需要把煤油灯点燃，让它照亮整个屋子，也需要让暖炉燃起来，使整个屋子更暖和，还要把浴缸里的水加热。这些事情都要完成的话，最先应该点哪个火？

答案

先把火柴点着。不把火柴点着的话，后面什么事情都做不成啊。

☆来自教授的启示
这应该是瞬间就能想到的吧。被这样的问题困扰的人，头脑的运动神经有点儿迟钝哟。

问 **?** 题

　　从汤姆猫家到杰瑞鼠家，要通过一条已废弃不用的下水管道。下水管道的粗细只能容得下他们中的一个弓着身子穿过。有一天，汤姆和杰瑞同时从两个管道口进入，他们能顺利钻过下水道，分别从对面的管道口出去吗？

答案

当然可以。他们相遇的时候，其中一个沿原路退回到管道外，等另一个通过以后再进去就行。

☆来自教授的启示
　　本题只需要考虑如何通过就可以。答案很简单吧。

问❓题

一家生产甜甜圈的公司，想把公司的象征性标志——一个硕大的"甜甜圈"——的颜色从原来的红色改成金色。一罐油漆能漆 100 平方米，要把图中阴影部分都漆完，需要几罐油漆？谁也不知道这个"甜甜圈"到底有多大，只知道 A 的部分宽 10 米。

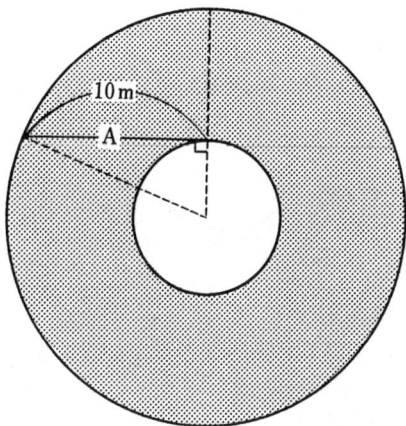

答案

　　四罐。阴影部分的面积，等于外圈圆的面积减去内圈圆面积，即 $3.14R^2-3.14r^2=3.14(R^2-r^2)$。代入勾股定理，A 的长度如图所示"$\sqrt{R^2-r^2}$"。也就是说，A 的长度 10 米的平方乘以圆周率，就等于阴影部分的面积，约为 314 平方米。一罐油漆能涂 100 平方米，三罐漆能涂 300 平方米，因此需要四罐。

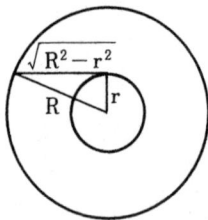

☆来自教授的启示
　　如果认为没有直径就无法计算圆的面积，你的脑子就太僵化了，有其他办法的。

问❓题

从 A 星球到 B 星球的距离有 20000 千米，有 20 辆宇宙公交车在这两颗星球之间运行。这些公交车到了终点后，停车一小时，然后从原路返回。某日，计算机工程师哈尔要从 B 星球到 A 星球，他打算乘坐宇宙公交车，便测算了一下宇宙公交车之间交会的频率，发现每行驶 1200 千米就会和另一辆公交车交会。宇宙公交车的速度平均为 1 马赫。哈尔在到达 A 星球的路途中，会与几辆宇宙公交车交会？ 1 马赫的秒速约 340 米，时速约为 1200 千米。

答案

19 辆。不要被数值所欺骗。因为有 20 辆宇宙公交车在运行，除了自己乘坐的这一辆，和其他公交车都会发生交会。只要把 20 减去 1 就可以，很简单吧!

☆来自教授的启示

　　现代人有时会被数字剥夺了思考能力。如果不对此抱有警惕心的话，思维被禁锢了也很难发现呢。

问 **?** 题

如图所示，并排的两条道路上，有两辆车以几乎相同的速度行进。过了一会儿，两辆车的速度不变，但是突然 B 车超过了 A 车。请问这可能吗？道路是直的。

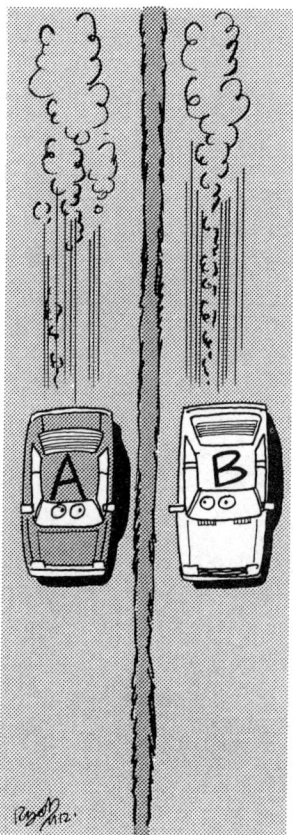

A 走的那条路是斜坡，距离比较长。

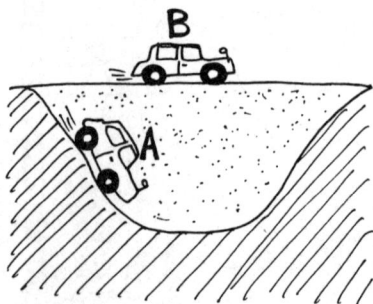

☆来自教授的启示
　　道路并不局限于平面，思维需要飞跃。

　　野生动物园的鳄鱼池中，一条鳄鱼叼着一顶饲养员的帽子。池边，饲养科的工作人员全员出动，大叫："吐出来！吐出来！"这些人中并没有不戴帽子的人。究竟发生了什么？

鳄鱼把饲养员——帽子的主人吞进了肚子。

☆来自教授的启示

　　单纯地做推理就可以。看到这样的问题，就要去寻找隐藏于表象背后的事实。

跷跷板的两边各放了一个桶，一边装了半桶沙子，一边装满了水，在装水的桶底还垫了一块铁，此时两边恰巧平衡。如果把桶底的铁块放入这个桶里，跷跷板会怎么样？

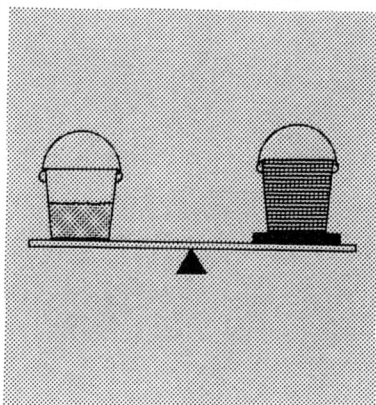

因为桶里是装满水的，把铁块放进桶里，水会溢出来，就减轻了这一边的重量，因此跷跷板会向装沙的桶那一边倾斜。

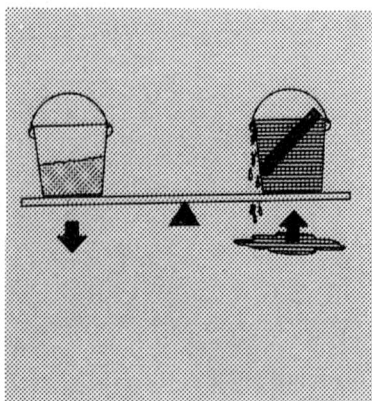

☆来自教授的启示

　　这一道问题对于沉迷于做智力题的人来说，反而可能解不开。柔软的想象力，也需要对事物有朴实的观察。

问 **?** 题

第 X 行星的大王丹向第 IV 行星的大王冯斯提出要迎娶冯斯的第四个女儿凯特为后。凯特公主说："如果你用 4 个 '4' 列算式，得出的得数能分别从 1 到 10，我就嫁给你。"你能为大王丹列一下吗？

只使用 4 个 4，可以计算出很多数字。比如说：(44+4)÷4=12。得此要领，得出从 0 到 10 的得数就不是什么难事了。如右图所示。

$$0 = 4 + 4 - 4 - 4$$

$$1 = \frac{44}{44}$$

$$2 = \frac{4}{4} + \frac{4}{4}$$

$$3 = \frac{4 + 4 + 4}{4}$$

$$4 = (4 - 4) \times 4 + 4$$

$$5 = \frac{(4 \times 4) + 4}{4}$$

$$6 = 4 + \frac{4 + 4}{4}$$

$$7 = \frac{44}{4} - 4$$

$$8 = 4 + 4 + 4 - 4$$

$$9 = 4 + 4 + \frac{4}{4}$$

$$10 = \frac{44 - 4}{4}$$

☆来自教授的启示

　　不要一开始就放弃，试着做做看。很多事情不是光靠想就能想出来的。

问？题

某个人想要制作出一张没有丝毫误差的全球通用的世界地图，他委托了各个先进国家的水平最高的地理学者。但是，当他拿到地图后，却没办法决定到底采用哪一份。地图是用同样的胶卷、同样的技术、同样的制图法制作的，那问题到底出在哪儿？

答案

　　因为各个国家都是以自己的国家为中心制作地图。去国外旅行时就能立即感觉到，在哪个国家购买的世界地图，就会把那个国家画在地图的最中央。无论地图画得如何准确，只要无法确定哪个国家应该在地图的中央，就不可能做出一张全球通用的世界地图。

☆来自教授的启示
　你看见过哪几个国家制作的世界地图？

休息室
问　题

问题 1　大盗鲁宾三世顺利潜入了一个金库，金库里的金块据说价值上百亿日元。但是，别说金块了，他连一点儿灰尘都没见到。情报提供者信誓旦旦地说，金库里确确实实是藏有金块的。如果情报没出错，那么这到底是怎么回事？

问题 2　纸上写着一条命令。看得懂这条命令的人，绝对无法执行这条命令。请问上面写的是什么？

休息室
回　答

回答 1　金库本身就是用金块砌起来的。

回答 2　纸上写着"不要看这句话"。

第五章

异次元国之梦
舍弃固有的观念

问?题

前卫雕刻家帕斯·贝克多去世了，他的遗书中留下了墓地设计稿的平面图和正面图。按这个设计稿建造出来的墓地是什么样的？

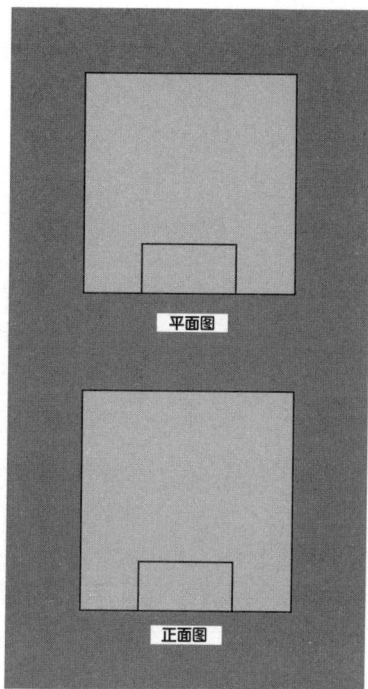

平面图

正面图

答案

如图所示的墓地。

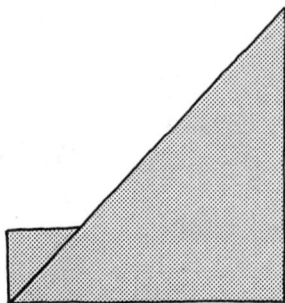

☆来自教授的启示

　　从平面思考向立体思考转换，想象力是必不可少的。

平时多做一些想象的转换练习。

问**?**题

　　装着水的容器里，有一块浮在水面的浮石。有没有办法在既不压它也不给它载重的情况下，让它沉下去？

答案

　　在容器底部开个口。这样，浮石就沉到了容器底部。

☆来自教授的启示
　　水少了，浮石就沉下去了，这样的想法并没有错啊。
如果只是在浮石上动脑筋，是解决不了问题的。

问?题

古谷君的公司有午休时间，从正午长针短针重叠开始，到下一次重叠结束。没有戴表的古谷君希望午休尽量久一些。他在几点之前回到公司就可以？答案可精确到秒。

答案

　　下午 1 点零 5 分 27 秒。长针和短针在十二个小时里一共重叠十一回，也就是说，从某一次重叠开始到下一次的重叠，是 12 小时除以 11。

　　12 小时 ÷11 ＝ 1 小时 5 分 27 秒

> ● ☆来自教授的启示
> ●　　因为要求午休尽量久，所以需要精确计算出的结果。
> ● 脱离对象本身来思考，无法获得正确的结果。

问❓题

刚刚结束新婚旅行的一
对新人，在房间里发生了一
件奇妙的事情。

妻子："哎呀！你送我
的结婚钻戒，我刚刚从手上
取下来的时候一不小心掉进
红茶里了。"

丈夫："没关系，我用
勺子把它取出来就行。"

当钻戒回到妻子手指上
时，钻石上连一滴水渍都没
有。这是爱的奇迹吗？

答案

钻戒只是掉进了装着红茶茶叶的罐子里而已。

☆来自教授的启示

　　说到红茶就一定是泡好的茶吗？稍微多想一想就明白了。

问?题

　　齐藤先生家的天花板漏雨，于是他在漏雨的地方放了一张高脚圆凳，圆凳上放了一个洗脸盆。当他注意到的时候，雨水恰好将盆装满。他想把盆里的雨水倒掉，但是因为装得太满，一碰就会有水溢出。想要在不碰洗脸盆的情况下将里面的雨水处理掉，怎么做比较好？

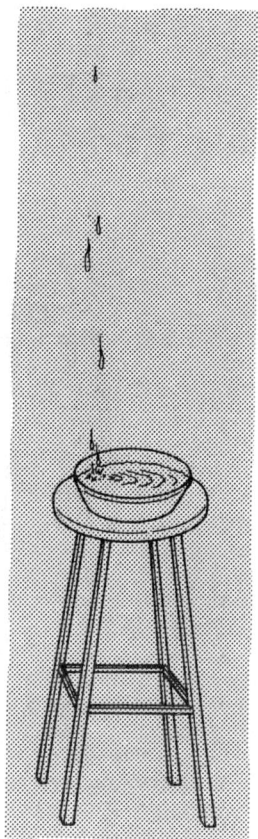

答案

　　如图所示，在洗脸盆的下方放一个桶，将一条手绢的一端置于盆内，另一端置于桶内，雨水就会顺着手绢流进桶里。

洗脸盆
手绢
桶

☆来自教授的启示
　　在泡澡的时候玩过软管的人应该马上就能明白吧。注意到洗脸盆是放在高脚圆凳上的，就不难想到答案了。

问？题

有一个一百多年前建成的不可思议的国家，在这个国家的入口处，有两只兔子正不知所措地站着。在入口右下方的电子板上答"10"，但总是被提示"不正确，请重新计算"，自动门怎么也打不开。难道是电子板的显示错了吗？

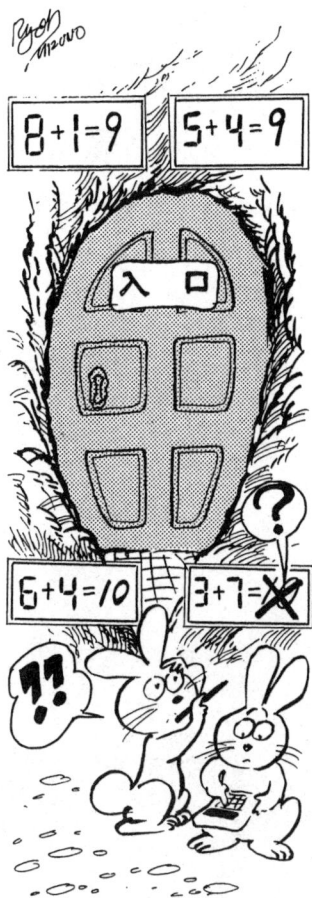

电子板的显示没有错，答案是 8。这些计算式里隐藏着一些小秘密。也就是说，它要计算的是电子屏上数字的液晶柱的数量之和。

电子屏上的数字的液晶柱数量为：0=6 根，1=2 根，2=5 根，3=5 根，5=5 根，6=6 根，4=4 根，7=3 根，8=7 根，9=6 根。再计算一次吧。

☆来自教授的启示

　　这样的题，思维单纯的小孩子更容易解开。想得太多的大人反而很难。

有一幢 60 层高的大楼，会议室在 59 层。有一天，办公室位于 3 楼的平君被通知去会议室开紧急会议。平君来到电梯间，无视上行的电梯，毫不犹豫地进入下行的电梯去了一楼。这究竟是怎么回事？

　　这幢大楼的各台电梯被分别设置成了 1F ~ 10F，1F、11F ~ 20F，1F、21F ~ 30F……以及 1F、51F ~ 60F。这在高层大楼中是很常见的。与其在 3 楼坐上行电梯一段一段换乘，不如下到 1 楼直接坐能到达 59 楼的电梯还快一点儿呢。

☆来自教授的启示
　　也就是说，坐从 1 楼到 59 楼的直达电梯。

　　载重 7 吨和 13 吨的两
艘宇宙飞船，满载着在月
球上发现的新矿石，到达
了中转基地。中转基地还
停着一艘载重为 19 吨的飞
船。现在要将矿石移到载
重为 13 吨和 19 吨的两艘
飞船上，每艘装 10 吨。由
于在宇宙空间，无法使用
计量器，请问如何进行正
确的分装？

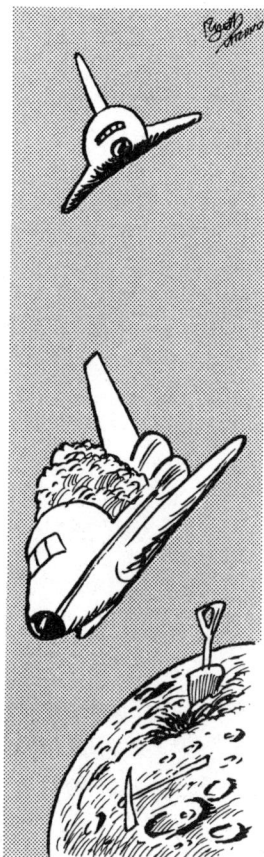

答案

使用这三艘飞船，采取如下的顺序，总共16次，就能分装完毕。

	19吨	13吨	7吨
开始时	0	13	7
第1次	7	13	0
2	19	1	0
3	12	1	7
4	12	8	0
5	5	8	7
6	5	13	2
7	18	0	2
8	18	2	0
9	11	2	7
10	11	9	0
11	4	9	7
12	4	13	3
13	17	0	3
14	17	3	0
15	10	3	7
16	10	10	0

☆来自教授的启示

类似的问题已多次出现了，对于训练集中思考的能力是最合适不过的。

通信卫星传送图像和
声音的速度，相比地球上
网络的传播速度要晚 0.2
秒。但是，早 7 点的准点
报时，接收普通信号的电
视和接收卫星信号的电视
几乎是同步的，这是为什
么？请推理一下。

答案

为了不出现时间差，卫星信号会比普通信号早0.2秒传送出去。

☆来自教授的启示

准点报时，误差哪怕只有一点儿也失去了报时的意义。抓住事情的本质，其他也就迎刃而解了。

问?题

　　一个电视游戏，两个帝国围绕一颗星球展开了激烈的争夺战。双方总共出兵一百万人，战死了九十九万九千二百九十人。

单手操作游戏的小武君说："也许，这就是发生战争的原因吧！"小武君说的战争原因是什么呢？

答案

　　石油（OIL）。小武君用计算器计算，出兵总数的一百万，减去战死的九十九万九千二百九十人，得出活着的士兵人数为710人。把它倒过来看的话……

休息室
问　题

问题 1　勤奋工作的 A 氏，有一项工作需要他必须在半夜 11 点 23 分赶到静冈。因此，他必须乘坐晚间 10 点整从东京出发的最后一班新干线"回声 313 号"。他刚踏上站台的台阶，发车铃就响了，"回声 313 号"即将发车。可是 A 氏似乎并不着急，仍不紧不慢地往台阶上走。如果来不及的话，他该怎么办呀？

问题 2　A 君和 B 君的家建在一片新开发的居住地，相隔一百米。这片区域里只有他们这两幢房子，不仅没有其他住户，连一部电话也没有。现在，A 君想告诉 B 君"来我家玩"，如何既不用去 B 君家，又能把话快速传达给 B 君？A 君有图画纸 10 张、记号笔、胶带、镜子和四片凸透镜。

休息室
回　答

回答 1　绝对不会有来不及的事情发生。因为 A 氏就是"回声 313 号"的列车长。

回答 2 大吼一声就可以。

第六章

向永远的国度出发
培养自由的思维

问？题

太郎君是棋类爱好者协会的会员。棋类爱好者协会要给会员们做一件 T 恤，T 恤上设计了六种图案，但其中一种是失败的。请问以下六种图案中，哪一种是失败的？

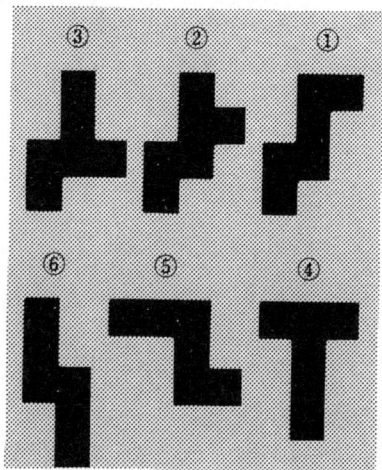

答案

⑤。因为其他图案都能折成骰子用的立方体。

☆来自教授的启示

　　本题不仅要从平面到立体，还要从立体到平面来考虑。如果这样的问题让你深感苦恼，说明你的大脑被二维空间禁锢了，要注意。

问？题

　　哈哈大笑族的一家特别喜欢吃用蜥蜴的蛋煮出来的白煮蛋和汤。丈夫要吃 5 个煮了 7 分钟的蛋和煮了 3 分钟的汤，妻子要吃 3 个煮了 8 分钟的蛋和煮了 7 分钟的汤，儿子要吃 5 个煮了 10 分钟的蛋和煮了 10 分钟的汤，女儿要吃 2 个煮了 15 分钟的蛋和煮了 10 分钟的汤。

　　那么，要完成家庭全部成员的料理需要几分钟？这一家只有一口大锅。

答案

15 分钟。把所有人要吃的蛋（丈夫 5 个、妻子 3 个、儿子 5 个、女儿 2 个，共计 15 个）放入大锅中，加入水，然后准备好碗和勺，只要到了各自设定好的时间，取出相应数量的蛋和汤就行。最后在十五分钟的时候取出女儿喜欢的蛋，全家人的料理就全部完成了。

☆来自教授的启示

看到中途就能知道答案的是高人。要看到最后才能知道的人，还需努力啊！

纸币厚度为 0.1 毫米。将它对折后，厚度变 0.2 毫米，再对折，变 0.4 毫米。对折一次需要 1 秒，如果不停地对折，将纸币折出富士山的高度，需要多少时间？富士山的高度是 3700 米。

答案

　　无论使用多少时间，折多少次，都不可能折成那样的高度。如果按照 0.1×2^n 来计算，1 秒后是 0.2 毫米，2 秒后是 0.4 毫米，3 秒后是 0.8 毫米，4 秒后是 1.6 毫米……那么到第 25 次的时候已经接近了富士山的高度 3355443.2 毫米，也就是 3355.4432 米，到第 26 回的时候又增加了三千多米，变成 6710.8864 米。真是辛苦这样努力计算的人了！

　　☆来自教授的启示
　　脱离现实的思考，只是白费力气而已。只有将空想和现实结合起来，才会有好主意。

有一支红蓝黑三色圆珠笔。红色和蓝色的笔芯
按钮坏了，笔芯按不出来。但是马上想写红色和蓝
色，该怎么办？也无法将圆珠笔拆开修理。

答案

用黑色笔芯写"红色"和"蓝色"。

☆来自教授的启示

　　这样的问题，如果不能在 1 秒之内解答，那就……

问?题

桑田君是专业棒球队考拉队的忠粉。一天，他去球场观看考拉队对战熊猫队的比赛。考拉队在第八回的后半场结束时，以9比0领先。桑田君认为胜负已分，没有等到比赛结束就提前回家了。但是，当他在家里看到体育新闻时，大吃一惊，结果竟然是9比0，熊猫队胜。这种情况有可能吗？

答案

　　有可能。在第九回的时候，考拉队放弃了比赛。按照棒球赛的规则，记分 9 比 0，对手胜。

- 　☆来自教授的启示
- 　　　了解棒球赛规则的人，马上就能明白。就算不太了解棒球赛规则，也能根据比赛的常规来做出猜想吧。

问❓题

在核避难所中已经待了一周，食品箱中只剩下七包压缩饼干。这时避难所中的人从中又取出三包，问现在他有几包压缩饼干呢？

答案

因为取出了三包，所以他当然有三包啦。

☆来自教授的启示

　　所以，答案很简单吧。留意到"有"这个条件的人胜。

名侦探福尔摩斯命令他的助手华生，把一本总计 240 页的杂志中的第 152 页、第 172 页和第 196 页撕下来，作为某个案件的重要资料。但是华生撕下了这本杂志的第 29 页、第 53 页和第 73 页。这究竟是为什么呢？

答案

杂志的书页是用线或铁钉等物穿过纸张的中线装订在一起的。所以撕下第29页、第53页和第73页，第152页、第172页和第196页就自动脱落了。如果注意到各页数的间隔是对称的，马上就能明白。但是注意，这本杂志的封面没有计入页数中。

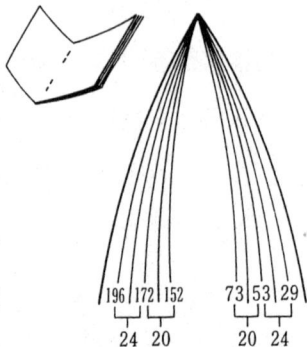

☆来自教授的启示

　　从人的行动去解读心理时，有时会因为观察不仔细而导致判断失误。这道题是考验你能否在瞬间领会人的行为的真意。

总觉得这幅画有什么地方不对劲。到底是什么原因呢?

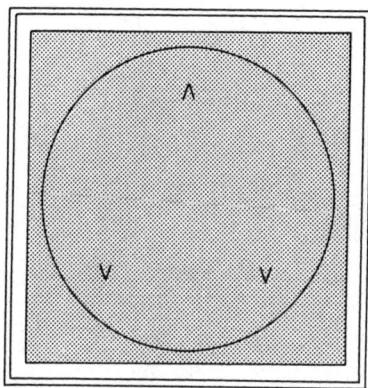

微 笑

答案

画挂反了。

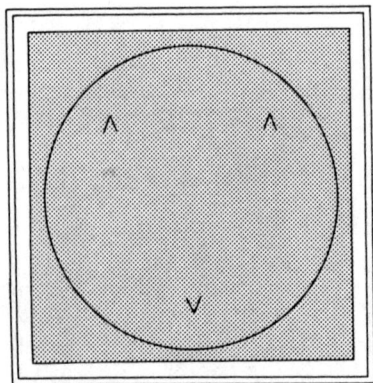

微 笑

住在山坳里的次郎君突然想吃方便面了。他在地炉上用水壶烧了一壶开水。但是，他发现他最喜欢的方便面吃完了，于是赶紧去山脚下的超市买。30分钟后，他回到家里一看，水壶已经被人从地炉上取下来，里面的热水也完全没有了。是被谁用掉了吧？可是大家都说没有用过。难道是狐仙显灵吗？

答案

热水变成凉水了。

问?题

采石场的一个奴隶企图逃亡，但是失败了，他将被处以极刑。"即使不受二次苦，就这么也够他受的！"执行人残酷地将从山上采来的重达一百千克的石块压在了奴隶的胸口上。可奴隶好像若无其事，还是精神抖擞的样子。恼羞成怒的执行人，举起了一把大锤子打算砸下去。那么，奴隶的命运会如何？

仅会有一些轻微的擦伤。执行人无论使用多大的力气砸下去，这个力量都被压在奴隶身上的石头分散了，最终只是增加了微不足道的力量而已。

☆来自教授的启示

抛开现象去观察吧。如果没有透过现象观察本质的能力，就算学了很多物理学的知识，也是没有用的。

问?题

X社的社长大言不惭地说:"我们公司没有任何问题!"但是让社员们自由发言的时候,却有人说:"有问题! 而且证据确凿!"他说的证据究竟是什么?

答案

证据确凿。说"没有问题"的社长的发言本身就是问题。

☆来自教授的启示

两个以上的人在一起的时候，各自的想法、打算就不可能完全一样。"没有问题"的状态是不可能存在的。

问❓题

　　三十年前，国王的女儿因为手被狗咬伤而去世。国王悲痛欲绝，命令动物行政官让国中所有的狗都消失不见。动物行政官忠实地执行了国王的命令，最终，狗的身影从这个国家中完全消失了。但是，国王给这个行政官的命令是，不得杀死任何一条狗，也不能把狗送去别的地方，否则他将性命不保。这个行政官现在依然健在，在这个国家悠闲地安度晚年。国王当然也知道。请问他是怎么做到的呢？

答案

　　这个行政官给所有狗做了绝育手术，三十年来，这个国家就没有狗宝宝诞生。所以他既没有杀死任何一条狗，也没有把狗送出这个国家，但狗一条不剩了。

☆来自教授的启示

　　乍一看，题目中给出的两个条件是完全相反的。但是如果注意到"三十年"这个时间条件，问题就迎刃而解了。

　　我的朋友布拉顿是个科学家。他说，他现在可以直接看见"过去正在进行中的事情"。他是怎么办到的呢？录像机等装置一律不可使用。

看遥远的星星就可以。比如说，仙女星座距离地球约 220 万光年，所以我们看仙女星座的星云时，看到的其实是 220 万年前的景象。

☆来自教授的启示

三维空间再加上时间就成了四维空间。在宇宙中，四维空间的想象是必要的。

问 **?** 题

　　作为宇宙联合国的代表，七国首脑圆桌会议即将召开。每天的会议之后，七位首脑都将与邻座展开对话。为了表示公平，十五天的会期中，每位首脑的邻座不能重复。从第一天到第十五天，他们的座位应该怎么排？

答案

不用犹豫，一个一个试就行。只要耐心一些，就能排出如图所示的这些组合。

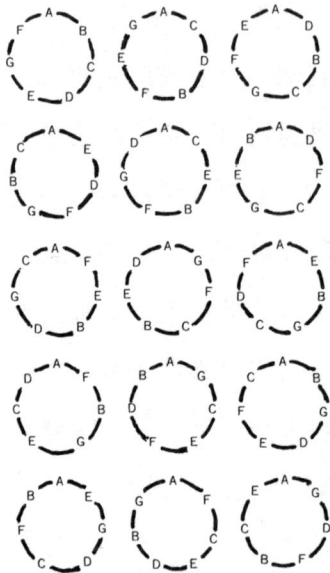